AF607018
AVERSO

# SEMIOLOGÍA DEL DESEO

CANDELAS BAYÓN CENITAGOYA

Número 33 de la Colección **PERVERSA**

*Semiología del deseo*

Edición al cuidado de Averso Poesía
*www.aversopoesia.com*

Primera edición: mayo de 2024
ISBN: 978-84-10027-34-3
Depósito Legal: GR 678-2024

Impreso en España - *Printed in Spain*

*El papel utilizado para la impresión de este libro está calificado como papel ecológico y procede de bosques gestionados de manera sostenible.*

# SEMIOLOGÍA DEL DESEO

CANDELAS BAYÓN CENITAGOYA

*El lenguaje es una piel. Yo froto mi lenguaje contra el otro [...] Mi lenguaje tiembla de deseo.*

Roland Barthes,
*Fragmentos de un discurso amoroso*

*Su acento es un placer.*
Sara Torres, *Lo que hay*

*in einem fremden Wasser*
*mein Schatten.*
Ingeborg Bachmann

a lo mejor lo que me duele es eso
que tú eres mucho más alto que yo
y vives dentro de mi cuerpo, todo apretado
constreñido
como un alien
*el cine las películas eso que dices que haces*
o como una tenia
    *tomad y bebed todos de él*
habitándome
comiéndome por dentro.

una casa ardía en medio del bosque
y yo, aterida,
me adentré
todo ocurrió como en un brillo
mojado y blando
breve y difuso
me puse de rodillas y recé
abrí la boca en acto de desvergonzada comunión
y de tu uña rodó tímida y lenta
una lágrima de leche
fue así como desperté a la ferocidad
del hambre
de la sed.

en el umbral del sueño
bosque de insectos
la fiera queda entonces descubierta
dolorosamente real
asíncrono
a mi deseo a mi añoranza
empujando hacia atrás
en redivivo retroceso
apresando en el aire aquella mano
por la que asoman blancos los dientes blancos

la simiente de la espera es la incesante pregunta
dónde cuándo
qué estás haciendo *ahora*.

cómo caminas regando sombra
esparciendo muerte
trasegando huesos
hiedes a quimera
incorpóreo tú
marcado por la grandeza de Goliat
carne, ¿a dónde huiste?
y yo, torpe mujer manchada
hediendo a humanidad
triste piedra solitaria

me atraviesa(s) como cualquier otra condición
la del enamoramiento.

fui feliz con aquel hombre
y con aquel otro
y con aquella mujer
y aquella otra
y no hubo más que el tránsito el momento
aunque a veces
caminando por la sala a oscuras
iluminaron mis ojos
otros
que me vieron.

algunas veces
cuando he despertado con una picadura
he visto a un mosquito
chuparme la sangre
después
cuando lo he aplastado de un manotazo
me ha dejado una mancha en el vestido
y ya no he sabido distinguir
si era su sangre o la mía.

Anoche en La Habana
mi amor, fue un sueño
que me narraste
en medio del frío comedor.
Y bebí de tu boca
y de tu margarita
vuestro sabor se confundía
con el del Paraíso.
Y lo azul de la noche
salpicado de estrellas
el murmullo y los bailes
y el lejano alborozo
acariciando la brisa.

Mi amor,
¿qué bestia indomeñable
has despertado?

Habrá que habitar el cuerpo
en vez de vagar por el neblinoso mundo de las ideas.
Habrá que aceptar la secreción y la sangre
igual que se acepta el axioma ingenioso que todo lo contiene
como excreciones de una herida misma que supura,
por la sed,
una sombra como una herida.

se acuesta tarde
no duerme quien no ama
no duerme quien no quiere
el sueño de los justos
mira cómo se rompió ese árbol
tienes en el pecho
una boca roja como un estigma
y en las manos el trueno del dolor

***

piensa en mí alguna vez
fugazmente
acuérdate, satisfecho de ti mismo,
aunque sea de pasada,
que fui tu sierva y te amé tan triste
                    como lo permitieron las palabras.

## Sprachgitter

*Este dolor, mi vida, esta agonía.*
*Este dolor, mi cuerpo.*
Idea Vilariño

*¿No estuvimos*
*bajo un alisio?*
*Somos extraños.*

*Standen wir nicht*
*unter einem Passat?*
*Wir sind Fremde.*
Paul Celan

Tuyos son los silencios.
Tuya
la reja de ese lenguaje aglutinante
la verdad y la belleza.
Tuya la otredad
el no-sitio.
La sola visión de ti
basta para retraer mi músculo cardíaco
tuyo el dolor con que lo punzas.
Tuya
la tristeza callada con que te amo
esta herida, mi cuerpo.

No hay Dios, no hay Dios
me dices
como para asustarme.
No hay Dios, ven, ven conmigo.
Amarme es para ti
ser mi Amo.
Nos habéis hecho creer
que los dioses sois vosotros.

no sirve de nada la hora quebrada
el rastro vaciado de hojarasca

primero
me abriste en la piel una herida
con la uña larga del Amo
después
la tapaste con tu boca y bebiste mi sangre
y luego
me ordenaste
contente
he instaurado la prohibición de la violencia.

## *Afterimage*

en mi hora más baja
esa línea rojiza
que diviso a lo lejos
aún titila en el cielo
tu incisiva pupila
ese rayo a años luz
que desmiente tu ausencia
todavía en la noche desciende
de mi pecho
tu garra

la nostalgia dormida
esa bestia callada.

he visto al lubricán
cómo se rompió ese árbol
y he escuchado
el viento susurrándole a los juncos
meciéndolos como se mesa
el cabello del amado
*deseado    deseado*
es la palabra que mejor te acoge
la única que basta a mi mudez
la única
cuyo temblor está a la altura.

Después de haber la flecha divina
atravesado nuestro pecho,
tras la contemplación del mismo rostro del mal,
tras despertar a esa hambre de vísceras
se ha de seguir viviendo así
es aún, parece,
posible
seguir viviendo
amar
a otros.

lo bueno es que los libros de poesía
son muy baratos
mucho más que los demás libros
y aún en esta tarde
angustiosa
de domingo de septiembre
*qué redundancia*
cuando lo que antes era luz
a la misma hora es noche
*y la lluvia*
aún en esta nostalgia
puede una consolarse
acordarse brevemente
extrañarte
en los versos de otras.

Ya no existo
este cuerpo, que odio,
extenso,
se desborda,
inabarcable, me asquea.
Ya nada lo limita,
nada impide que se expanda,
se diluya,
porque tú
ya no lo tocas.

El jardín del cazador
toda la noche ruega silencio
ordena la extinción de la violencia
toda la noche aún en el jardín
llueve tragedia gris y azul y blanca
llora miseria dulce transitoria
toda la noche aún
nos estamos amando.

Tú eres el Otro indescriptible
voraz y silencioso como un felino
de excesivas proporciones.
Tú eres el Otro que no cesa
que posa su mirada sobre mí en pensativo escrutinio
que toca con un dedo la sustancia
la misma sustancia viscosa y desdeñable
de que está compuesta mi alma
pérfido,
Tú no eres de materia
y tu dedo al levantarse
imprime en mi piel la quemadura
de tu huella.

Claro en el bosque
entonces
el cazador en medio abierto
rojas las manos verdes los ojos de follaje
el viento centrifuga los sonidos animales
abrir la boca y no poder
y no emitir
el viento centrifuga el humo de las armas
al cazador le sobran
a él le gusta hundir
la garra en el pecho
y extraer, brutalmente,
el corazón.

Hay fuegos fatuos suspendidos como una trampa
que llevan a tus fauces, tu guarida
en medio de la noche te transformas, agónico,
desgarras mis entrañas
me alimentas
en el desayuno me dices que has soñado con tu padre
y me echas por encima
con los ojos
el manto mismo de la vergüenza
y del rechazo.

*Haz que no muera*
*sin volver a verte.*
Alejandra Pizarnik

Es violento el acto de (re)conocer al Otro
y yo aquí,
que voy aún a vivir otros sesenta, setenta años más
por suerte o por desgracia
y luego a morir
sin haberte vuelto a ver.

Hay una habitación en la que el sueño
descansa remansando la vejez
el fuego alrededor no lo perturba
las paredes están húmedas
del tul de lo irreal
y el ojo de la bestia
en medio del cuarto
dorado como un ídolo
guarda la noche fría y apacible
y te mantiene en ella
y te entra
dulce
dolorosamente.

A ti te odio por haberme convertido
en esa camisa abandonada
que compraste con tanta ilusión
y te pusiste
*tierno*
*tan dulce*
*el contacto de mi piel contra tu piel*
desesperadamente dos semanas
y luego la lavaste
la planchaste
la colgaste distraído en el armario
y nunca más la elegiste entre las otras
para volvértela a poner.

Crepita susurrante la idea
y no tarda en arribar
el vestigio de la acción
a ti habré de llamarte
Thomas el Oscuro
con tu manto negro de ideas negras
y la maldad cosida a la mirada como un velo
y el misterio en que te bañas al ocaso
y sobre todo
ese vacío que rige tu ausencia
ese agujero en el prado
con la forma dudosa
de un cuerpo de hombre.

También toda la noche
conjuramos la tristeza
pequeños y helados
perforamos la carne
y luego la curamos con ungüentos.
También toda la noche en el jardín
gotean las plantas con urgencia
y alumbramos la fruta madura y dulzona
del sigilo.

A veces te invito a matarme
a partirme de dolor y de violencia
a veces lloras sobre mí
y la nostalgia de tu cuerpo
*duro, tibio*
se abalanza alargada sobre el mío

una sombra como una herida
proyectada por el sol de tu recuerdo.

He sido incapaz de parir los hijos tuyos
y, sin embargo,
he parido la noche y la ventisca
he parido un tejido púrpura y repulsivo
como un paño tibio para ungirse
que es el dolor.

Qué buscas que no encuentras
qué
el barro del sometimiento
o el fuego del amor.
Qué es eso que otean esos ojos
como piedras oscuras
como astros marchitos
engastados en tus huesos
angulosos y crueles.
Extranjero de ti mismo
distante y lejano
como una enana azul
me lanzas las palabras
pero tú ya estás muerto.

figura recortada contra el cielo índigo
eres del color del vacío
contaminas mi escritura
envenenas mi sangre
escribo como en un parto
y Tú
mano invisible que mueve los hilos
me arrancas aún me das cuerda
yo, que he sido desertada por la esperanza,
estoy condenada a sentir tu tristeza
desde lejos.

la música presagia
entre las piernas una herida que sangra
y nada en el pecho
más que esta sed
aullando
clamando
golpeando desde dentro
ardiendo en el fuego violeta
del misterio.

esos capullos borgoña
esa violencia
violácea que me despiertas
ese exorcismo
que rogué una noche
no me aguantó más la vida:
sácamelo
sácamelo
pero el qué
si tú no estabas.

si concibiéramos un hijo
sería un alacrán
si ahora
torva de odio tu cara
concibiera yo una vida
el mundo se abriría a la violencia

a veces
me haces tanto daño

***

si este vaivén
para ti es un acto de crueldad
entonces,
sea
qué importa
desde abajo se distinguen
dos cuerpos ensartados
delante el mío
bueno
si alguien nos descubre
ahora
aquí
para alguien existimos
alguien nos descubre
unidos.

En el ínterin no existes, pero tu voz resuena en mi cabeza, una y otra vez, repasando tus frases, que ya tampoco existen técnicamente, hace una, dos, tres semanas que las pronunciamos. ¿Qué es este tiempo que se extiende ante mí, gris y vacío? Y cuando algo que has dicho, o un gesto, me deja perpleja días-semanas-meses más tarde, cuando mis ojos acarician aún los tuyos en mi mente, me asalta el presentimiento de que no existes, *de que no eres real*. Y pienso: no, te acuerdas. La última vez robé un bolígrafo, tengo la factura, me acuerdo, me acuerdo, ha sucedido. Pero si alguien viniera y me dijese que no existes, que nunca has existido y que no eres real, siento que un poco le creería. Y si dudara, no sería por el recuerdo de los encuentros, ni por las pruebas absurdas que creo tener (fíjate, me haces dudar de mi memoria, famosa por su capacidad, y de cualquier empirismo). Pues no, no sería por eso por lo que dudaría. El único motivo que me parece *lógico*, que demuestra de manera innegable tu *realidad*, es que mi imaginación no sería capaz de crearte como eres. Por fuerza, has de existir por ti mismo.

Tú eres el hombre que tiene los ojos verdes
como el bosque por el que corremos
y yo soy la piedra que recoges y sopesas
con la que asesinas algún furtivo poema
salvaje
que huye de ti con asombro
para luego hacértelo a la lumbre
y devorar con fruición lo nuevo.

mi poema es una piedra
que crece como el fruto de un amor
de entre el fuego

al amor del barro
me haces piedra

el barro es un amor
que en el fuego
se hace piedra
blando y húmedo
atravesado por los dedos

al amor de tu fuego
me haces el amor.

A ti te odio porque me negaste
la entrada al Paraíso
¿Cuál es
la diferencia entre el cuerpo que actúa
y aquel que lo recibe?
Ojos-brida, lengua-bala
me llegas a la boca compasivo
y te ríes de mí al apartarte
y entras y te vas y nunca vuelves
pero ahora yo ya sé lo que es posible
y me enloquece
pensar que no habré nunca más
de amar así.

Tus ojos escudriñan
las tinieblas lejanas del ser
mirada ontológica
que toca los misterios.
El pelo nace en tu cabeza
coronado de ideas
y llevas por ahí un cofre a rastras
que encierra una utopía.

*Si un cuerpo encuentra a otro cuerpo*
*cuando van entre el centeno.*
Robert Burns

¿No te hablan todas las cosas
de una soledad?
¿No quieres remediarla?
¿Acude a tu ojo-astro la lágrima algunas tardes?
¿Qué busca tu cuerpo callado y largo?
¿Sientes y sangras como nosotros o
solo puedes discernir?
Solo busco el encuentro de dos cuerpos entre el centeno
y qué suerte que ese otro cuerpo
fuera el tuyo.

si solo me importa a mí
si solo yo me acuerdo
entonces Tú
serás mi lector.

los deseantes mueren abismados a la borda
que es el filo mismo
de la pérdida
en la noche desgarrada
nadie muere de la muerte del deseo
a nadie le fue nunca concedido
nunca se conoció el color de lo real
se ha de seguir viviendo se vive aún
así

qué aburrimiento.

escribo jitanjáforas
que solo comprenderé cuando haya
experimentado lo que ensamblo en sus palabras.

Surges de entre la maleza
*hexehungrig, bist du?*
han fulgurado tus ojos
como dos hojas de acero en lo oscuro
mi amor, Tú vienes *hexehungrig, oder?*
han fulgurado tus ojos
y yo he sido testigo
y después
todos los animales han sentido tu aliento en la nuca
y se ha escuchado
estentórea
la risa del cazador.
Después
*erfüllte das Verlangen von Hexen*
los ríos y las lágrimas
mi amor, tu hambre está saciada,
¿nos dejarás
al menos
este pedazo de tierra?

En el bosque hay que dejar un rastro
porque acechan criaturas
que no quieren vernos volver.
En el bosque yo tiro palabras
como piedras
las tiro hacia adelante
para olvidar el camino de vuelta.
En el bosque existe un hambre
y hay criaturas que duermen
pero en medio de tanto ser que
hiberna
                la fiera ha despertado.

los deseantes no son más
que productores de sí mismos
actores
que día a día
(hora a hora, *insoportable es insoportable*)
ponen en marcha el espectáculo de su vida
los deseantes
creen cada vez que sienten el destello cegador
el impulso
estar escribiendo un tratado del deseo
y lloran
y miran
los deseantes observan y acechan
no conocen el reposo
sus ventanas son obras de arte
que anuncian el fracaso en tiempo real

anhelar
es la metodología más exhaustiva del mundo.

Sucede que
todas mis palabras favoritas en alemán
—me permito aquí una traducción más o menos libre
y la eliminación de la mayúscula—
*fremd*
extraño, extranjero, alieno
*fern*
lejos, distante, lejano
*schweigend*
callado
*wehtuend*
doliente, dañino
*augen*
ojos
*sehnsucht*
anhelo
son todas las palabras que usaría para describirte.

Si yo puedo amarte
extraño, distante, callado, doliente,
¿podré también yo ser amada
extraña, distante, callada, dañina?

*cuando vea los ojos*
*que tengo en los míos tatuados.*
Alejandra Pizarnik

mirar tus ojos como objetos
no mirarte a los ojos
hacerte hablar de algo por minutos
para que tenga sentido mirarte así los ojos
tan intensamente

dos delicias brillantes
de día tu pupila disminuye
(de noche es un abismo entre la arena)
refulgen como el fuego
uno está más triste que el otro
¿qué puedo hacer? los quiero
como objeto
a veces sueño que te los arranco
y los mastico
se distinguen en la penumbra
apenas una ondulación de las tinieblas
dos, más bien
así sé dónde estás
los miro desde abajo
con los míos los busco,
no sé si ellos me ven no sé qué miran
da igual
los miro desde abajo
y sé que estás encima.

este amor que busco no es más
que me preguntes cosas absurdas
que acerques tu pierna a la mía porque es tu forma
de decirme
                    que quieres tener sexo
tu reloj, esa antigualla, encima de la mesa
lograr hacerte reír genuino *qué triunfo*
descubrirte algo nuevo, sorprenderte
que te vistas con un jersey abrigado y la camiseta
                    [bien metida por dentro del pantalón
y poder apretarme contra ti
ver cómo despiertas las simpatías de la gente
el hueso de tu cadera que me hace daño en el muslo
esa mácula púrpura en el puente de la nariz
no entenderte del todo
quererte, no sé,
algo así
echarte de menos y hablarte a escondidas
pensar: olvídate de él
pensar: qué hermoso, el amor, este amor, es una
herida.

me pregunto si a Freud le interesaría
saber
que imito tus gestos
cómo me recuesto contra los muebles
y estiro las piernas
como si también yo midiera *metronoventaydos*
y no hubiera espacio suficiente

me descubro
encorvada sobre el ordenador
siendo tú aquella tarde en que me preguntaste
qué película
y descubrí en ti un gesto mío
por el que mi madre tanto me regaña

porque soy incapaz de abandonar mi hogar
a veces cuando hablo en inglés estilo
un leve acento alemán
mal ensayado
y arrastro las palabras
lentas y pesadas
hablo pausadamente
imito tu voz
y cometo errores a propósito
que no son comunes en una hablante nativa
de español
tomo prestada la cadencia que usas para reírte
ceceo leve
sostengo una mano encima del teléfono al mirarlo
veo con tus ojos las películas e imagino

qué dirías
*probablemente algo con lo que no estaría de acuerdo*

la psique se escinde y dialoga consigo misma
porque se me figura preferible sufrir
que abandonar este dolor en que te vivo.

a veces despertamos en
            recovecos oscuros
en los que no hay horror de fiebres
que nos purgue
otras veces
            si hay suerte
despertamos en el habla

habitar el silencio
es preguntarse
es ser Sísifo
día tras día
hora tras hora
empujando la piedra de la carestía
venciendo a un golpe más
esquivando momentánea la caída
sobreviviendo hoy el tedio del abandono
y mañana…

## Diastema y variación

La distancia que hay entre tus dientes
un abismo
como el trozo de mar entre dos riscos
al que me asomo para tentar mi suerte
llena de pulsión de muerte
muerta de deseo.

De ahí brotan los chorros humorados de tu agua
cascada de prodigios
que no puedo resistir.

La poesía: intervalo en el que descansar
refugio del mundanal prosaico ruido.

***

Nos despertamos a la humedad de la mañana
a las pequeñas puñaladas de luz atravesando el estor
y tú nunca dices cosas oscuras
y no te pertenecen la sombra la tristeza
y es físicamente posible y moralmente viable que
    alargue la mano y te roce la espalda
en un gesto que dice
sé que estás aquí yo sé
yo sé que vives.

nunca
he visto tu casa
y me la narras.
Tú que tampoco has visto
                                la mía
*que te alzas hacia mí*
*a por mi sangre*
*o me llegas presuroso a pedir*
*una opinión*
me cuentas de tu casa tu cocina
me hablas de tu hermana y de tus gatos
de la luz del oeste
y de cómo encolaste aquellos azulejos
las llagas de tus manos lo demuestran:
eres un cristo hacendoso de alabastro
no sé
yo solo entiendo el deseo
mi dialecto es la pasión sin explotar
no sé
yo solo sé
lo dulce que fue aquella semana
que me pasé esperándote.

tu cuerpo es largo e íntimo
y todo sonrosado
le falta claramente
el sol de mi país
surges alzándote
como de un invernadero
en el que hubieras descansado
    p a r s i m o n i o s a m e n t e
y nos transitas
nos atraviesas
y retornas, blando
    i m p á v i d o
a tu guarida de lonas de plástico
húmedas de calor
eso es:
    tu casa es asfixiante
y todo permanece tranquilo
acostado en su lugar
todos tus objetos
dormitan esperando
que hundas en la tierra las manos
y los hagas florecer.

Tu caída es
rectilínea y pesada
como la de la castaña
y nunca tiembla.

Caes encima en
inequívoca trayectoria
las leyes de la física
se elaboran a tu paso
con tu acción.

Tú habitas en lo azul del fuego
aguardando a una insensata que
te desafíe
para aniquilarla en
tu idioma de sombra.

Tú eliges las palabras y las rumias
escupes y deshechas
los rivales
las sobras
los vacíos
tu duda nunca falla.

Meditas y se pone
el sol cuando te acuestas.

*cualquier inclinación nos empuja al exterior, nos lleva fuera del yo.*
Hannah Arendt, en Adriana Cavarero, *Inclinaciones*

inclínate inclínate inclínate
*así*
en medio del invierno
florecía primavera amor
yo te decía
la herida la herida amor
yo bebía
*soñaba que bebía*
*me hubiera gustado beber*
la sangre de tu herida
mi amor y tú tan recto
me
expli-
cabas
que eso solo te ocurre con la música clásica
*inclínate mi amor*
te has dejado esto aquí
vuelve a por ello.

yo dije
tráeme un vaso de agua
y Tú dijiste

yo dije acércate

yo dije:
no quiero poder comprenderlo todo
de hecho, conozco mientras siento
ay
me duele(s) = te conozco
conozco cómo dueles
*puede ser que sí vieras Hiroshima digo Hiroshima mon amour*
esa dulzura que arde
ese desgarro-cicatriz que dejan tus ojos en lo que se posan

*y qué júbilo, qué dulce*
*estar debajo*

lo conozco, yo lo he visto

yo dije: te amo
de muchas maneras
creo que se hizo evidente
te amo, te lo dije, pero no así
de otro modo, con otros tropos,
¿no viste, mi amor, que te pedí un vaso de agua?

## Desiderata
(o un poema que habla de mi padre y de ti, como todos mis poemas)

Desiderata
es una bella palabra
se la escuché, por vez primera,
a mi padre.
Mi padre dice «desiderata»
en el contexto «biblioteca»
*¿no es hermoso desear?*
*¿no es hermoso desear libros?*
Yo conozco las bibliotecas y su rumor de vida
y poder evocativo
*¿es vergonzoso pedir?*
En todas las estaciones del año
yo estaba en una biblioteca
deseándote
*me gusta desearte en verano,*
*cuando hace calor,*
*me trae a la mente la imagen de tu sudor y*
*de tu piel amarga*
*no tengo olfato*
*pero seguro que Tú hueles*
*a cáscara de naranja.*
Desiderata viene del latín
*desiderare desiderium*
¿El nombre Desiderio
qué significa?
He leído en alguna parte
que *desiderare* significa algo así como
dejar de ver las estrellas *o los ojos tus ojos*

*lejanos, fosforitos*

o lo que es lo mismo
anhelar
También hay otra vertiente que dice que deseo
y desidia
tienen la misma raíz
*desidium*
aquí no hay mucho más que añadir.
Qué conveniente sería decir
mi padre se llama Desiderio
y yo soy
la hija misma del deseo
pero no
mi padre se llama otra cosa
mucho más bonita.

cazas aún entre el follaje
alegres conejitos de algodón
cazas aún sigues ahí
extraño vampiro
que devoras y bebes
y no desperdicias
nada.

# ÍNDICE

*Este libro se terminó de editar en Granada*
*en mayo de 2024 por*

**www.aversopoesia.com**
*hola@aversopoesia.com*